— **THIS BO**

— **IF FOUND, PLEASE CONTACT:** —

E-mail Address:

.... @ ....

Phone Number:

....

The 5 Minute Gratitude Journal © Millow Goods. All Rights Reserved.

DATE: .... I AM GRATEFUL FOR:

_____
_____
_____
_____
_____
_____
_____
_____
_____
_____

DATE: .... I AM GRATEFUL FOR:

_____
_____
_____
_____
_____
_____
_____
_____
_____
_____

DATE: .... **I AM GRATEFUL FOR:**

___

DATE: .... **I AM GRATEFUL FOR:**

DATE: .... **I AM GRATEFUL FOR:**

_____
_____
_____
_____
_____
_____
_____
_____
_____

DATE: .... **I AM GRATEFUL FOR:**

_____
_____
_____
_____
_____
_____
_____
_____
_____

DATE: .... **I AM GRATEFUL FOR:**

DATE: .... **I AM GRATEFUL FOR:**

DATE: .... **I AM GRATEFUL FOR:**

_____
_____
_____
_____
_____
_____
_____
_____
_____

DATE: .... **I AM GRATEFUL FOR:**

_____
_____
_____
_____
_____
_____
_____
_____
_____
_____

DATE: .... **I AM GRATEFUL FOR:**

_____
_____
_____
_____
_____
_____
_____
_____
_____

DATE: .... **I AM GRATEFUL FOR:**

_____
_____
_____
_____
_____
_____
_____
_____
_____

DATE: .... **I AM GRATEFUL FOR:**

DATE: .... **I AM GRATEFUL FOR:**

DATE: **I AM GRATEFUL FOR:**

DATE: **I AM GRATEFUL FOR:**

DATE: .... **I AM GRATEFUL FOR:**

DATE: .... **I AM GRATEFUL FOR:**

DATE: **I AM GRATEFUL FOR:**

DATE: **I AM GRATEFUL FOR:**

DATE: .... **I AM GRATEFUL FOR:**

___

DATE: .... **I AM GRATEFUL FOR:**

DATE: **I AM GRATEFUL FOR:**

DATE: **I AM GRATEFUL FOR:**

DATE: .... **I AM GRATEFUL FOR:**

_____
_____
_____
_____
_____
_____
_____
_____
_____

DATE: .... **I AM GRATEFUL FOR:**

_____
_____
_____
_____
_____
_____
_____
_____
_____

DATE: .... **I AM GRATEFUL FOR:**

DATE: .... **I AM GRATEFUL FOR:**

DATE: .... **I AM GRATEFUL FOR:**

_____
_____
_____
_____
_____
_____
_____
_____
_____

DATE: .... **I AM GRATEFUL FOR:**

_____
_____
_____
_____
_____
_____
_____
_____
_____

DATE: .... **I AM GRATEFUL FOR:**

DATE: .... **I AM GRATEFUL FOR:**

DATE: .... **I AM GRATEFUL FOR:**

DATE: .... **I AM GRATEFUL FOR:**

DATE: **I AM GRATEFUL FOR:**

DATE: **I AM GRATEFUL FOR:**

DATE: .... I AM GRATEFUL FOR:

DATE: .... I AM GRATEFUL FOR:

DATE: .... **I AM GRATEFUL FOR:**

_____
_____
_____
_____
_____
_____
_____
_____
_____
_____
_____
_____
_____

DATE: .... **I AM GRATEFUL FOR:**

_____
_____
_____
_____
_____
_____
_____
_____
_____
_____
_____
_____
_____

DATE: .... **I AM GRATEFUL FOR:**

DATE: .... **I AM GRATEFUL FOR:**

DATE: .... **I AM GRATEFUL FOR:**

___

DATE: .... **I AM GRATEFUL FOR:**

___

DATE: .... **I AM GRATEFUL FOR:**

_____
_____
_____
_____
_____
_____
_____
_____
_____
_____

DATE: .... **I AM GRATEFUL FOR:**

_____
_____
_____
_____
_____
_____
_____
_____
_____
_____

DATE: .... **I AM GRATEFUL FOR:**

_____
_____
_____
_____
_____
_____
_____
_____
_____
_____

DATE: .... **I AM GRATEFUL FOR:**

_____
_____
_____
_____
_____
_____
_____
_____
_____
_____

DATE: .... **I AM GRATEFUL FOR:**

_____
_____
_____
_____
_____
_____
_____
_____
_____
_____
_____
_____

DATE: .... **I AM GRATEFUL FOR:**

_____
_____
_____
_____
_____
_____
_____
_____
_____
_____
_____
_____

DATE: .... **I AM GRATEFUL FOR:**

DATE: .... **I AM GRATEFUL FOR:**

DATE: .... **I AM GRATEFUL FOR:**

_____
_____
_____
_____
_____
_____
_____
_____
_____

DATE: .... **I AM GRATEFUL FOR:**

_____
_____
_____
_____
_____
_____
_____
_____
_____

DATE: .... **I AM GRATEFUL FOR:**

_____
_____
_____
_____
_____
_____
_____
_____
_____
_____

DATE: .... **I AM GRATEFUL FOR:**

_____
_____
_____
_____
_____
_____
_____
_____
_____
_____

DATE: .... I AM GRATEFUL FOR:

DATE: .... I AM GRATEFUL FOR:

DATE: ....   **I AM GRATEFUL FOR:**

_____
_____
_____
_____
_____
_____
_____
_____
_____

DATE: ....   **I AM GRATEFUL FOR:**

_____
_____
_____
_____
_____
_____
_____
_____
_____

DATE: .... **I AM GRATEFUL FOR:**

___

DATE: .... **I AM GRATEFUL FOR:**

___

DATE: .... **I AM GRATEFUL FOR:**

_____
_____
_____
_____
_____
_____
_____
_____
_____
_____

DATE: .... **I AM GRATEFUL FOR:**

_____
_____
_____
_____
_____
_____
_____
_____
_____
_____

DATE: ....   **I AM GRATEFUL FOR:**

_____
_____
_____
_____
_____
_____
_____
_____
_____

DATE: ....   **I AM GRATEFUL FOR:**

_____
_____
_____
_____
_____
_____
_____
_____
_____

DATE: **I AM GRATEFUL FOR:**

DATE: **I AM GRATEFUL FOR:**

DATE: .... **I AM GRATEFUL FOR:**

_____
_____
_____
_____
_____
_____
_____
_____
_____
_____

DATE: .... **I AM GRATEFUL FOR:**

_____
_____
_____
_____
_____
_____
_____
_____
_____
_____

DATE: .... **I AM GRATEFUL FOR:**

___

DATE: .... **I AM GRATEFUL FOR:**

DATE: .... **I AM GRATEFUL FOR:**

DATE: .... **I AM GRATEFUL FOR:**

DATE: **I AM GRATEFUL FOR:**

DATE: **I AM GRATEFUL FOR:**

DATE: .... **I AM GRATEFUL FOR:**

_____
_____
_____
_____
_____
_____
_____
_____
_____
_____

DATE: .... **I AM GRATEFUL FOR:**

_____
_____
_____
_____
_____
_____
_____
_____
_____
_____

DATE: .... **I AM GRATEFUL FOR:**

DATE: .... **I AM GRATEFUL FOR:**

DATE: .... **I AM GRATEFUL FOR:**

_____
_____
_____
_____
_____
_____
_____
_____
_____
_____

DATE: .... **I AM GRATEFUL FOR:**

_____
_____
_____
_____
_____
_____
_____
_____
_____
_____

DATE: .... **I AM GRATEFUL FOR:**

_____
_____
_____
_____
_____
_____
_____
_____
_____
_____
_____

DATE: .... **I AM GRATEFUL FOR:**

_____
_____
_____
_____
_____
_____
_____
_____
_____
_____
_____

DATE: .... **I AM GRATEFUL FOR:**

DATE: .... **I AM GRATEFUL FOR:**

DATE: **I AM GRATEFUL FOR:**

DATE: **I AM GRATEFUL FOR:**

DATE: .... **I AM GRATEFUL FOR:**

DATE: .... **I AM GRATEFUL FOR:**

DATE: .... **I AM GRATEFUL FOR:**

_____
_____
_____
_____
_____
_____
_____
_____
_____
_____
_____
_____

DATE: .... **I AM GRATEFUL FOR:**

_____
_____
_____
_____
_____
_____
_____
_____
_____
_____
_____
_____

DATE: .... **I AM GRATEFUL FOR:**

DATE: .... **I AM GRATEFUL FOR:**

DATE: .... **I AM GRATEFUL FOR:**

___

DATE: .... **I AM GRATEFUL FOR:**

DATE: ....   **I AM GRATEFUL FOR:**

_____
_____
_____
_____
_____
_____
_____
_____
_____
_____

DATE: ....   **I AM GRATEFUL FOR:**

_____
_____
_____
_____
_____
_____
_____
_____
_____
_____

DATE: .... **I AM GRATEFUL FOR:**

DATE: .... **I AM GRATEFUL FOR:**

DATE: .... **I AM GRATEFUL FOR:**

DATE: .... **I AM GRATEFUL FOR:**

DATE: **I AM GRATEFUL FOR:**

DATE: **I AM GRATEFUL FOR:**

DATE: .... **I AM GRATEFUL FOR:**

_____

_____

_____

_____

_____

_____

_____

_____

_____

DATE: .... **I AM GRATEFUL FOR:**

_____

_____

_____

_____

_____

_____

_____

_____

_____

DATE: .... **I AM GRATEFUL FOR:**

_____
_____
_____
_____
_____
_____
_____
_____
_____
_____
_____
_____

DATE: .... **I AM GRATEFUL FOR:**

_____
_____
_____
_____
_____
_____
_____
_____
_____
_____
_____
_____

DATE: .... **I AM GRATEFUL FOR:**

_____
_____
_____
_____
_____
_____
_____
_____
_____
_____

DATE: .... **I AM GRATEFUL FOR:**

_____
_____
_____
_____
_____
_____
_____
_____
_____
_____

DATE: .... **I AM GRATEFUL FOR:**

_____
_____
_____
_____
_____
_____
_____
_____
_____
_____
_____
_____

DATE: .... **I AM GRATEFUL FOR:**

_____
_____
_____
_____
_____
_____
_____
_____
_____
_____
_____
_____

DATE: .... **I AM GRATEFUL FOR:**

_____

_____

_____

_____

_____

_____

_____

_____

_____

DATE: .... **I AM GRATEFUL FOR:**

_____

_____

_____

_____

_____

_____

_____

_____

_____

DATE: .... **I AM GRATEFUL FOR:**

_____
_____
_____
_____
_____
_____
_____
_____
_____
_____
_____

DATE: .... **I AM GRATEFUL FOR:**

_____
_____
_____
_____
_____
_____
_____
_____
_____
_____
_____

DATE: .... **I AM GRATEFUL FOR:**

___

DATE: .... **I AM GRATEFUL FOR:**

DATE: .... **I AM GRATEFUL FOR:**

___

DATE: .... **I AM GRATEFUL FOR:**

___

DATE: .... **I AM GRATEFUL FOR:**

_____
_____
_____
_____
_____
_____
_____
_____
_____
_____
_____
_____

DATE: .... **I AM GRATEFUL FOR:**

_____
_____
_____
_____
_____
_____
_____
_____
_____
_____
_____
_____

DATE: .... **I AM GRATEFUL FOR:**

___

DATE: .... **I AM GRATEFUL FOR:**

___

DATE: .... **I AM GRATEFUL FOR:**

DATE: .... **I AM GRATEFUL FOR:**

DATE: ....   **I AM GRATEFUL FOR:**

_____
_____
_____
_____
_____
_____
_____
_____
_____
_____
_____
_____

DATE: ....   **I AM GRATEFUL FOR:**

_____
_____
_____
_____
_____
_____
_____
_____
_____
_____
_____
_____

DATE: ....

I AM GRATEFUL FOR:

DATE: ....

I AM GRATEFUL FOR:

DATE: .... **I AM GRATEFUL FOR:**

DATE: .... **I AM GRATEFUL FOR:**

DATE: .... **I AM GRATEFUL FOR:**

_____
_____
_____
_____
_____
_____
_____
_____
_____
_____
_____
_____

DATE: .... **I AM GRATEFUL FOR:**

_____
_____
_____
_____
_____
_____
_____
_____
_____
_____
_____
_____

DATE: .... **I AM GRATEFUL FOR:**

___

DATE: .... **I AM GRATEFUL FOR:**

DATE: .... **I AM GRATEFUL FOR:**

DATE: .... **I AM GRATEFUL FOR:**

DATE: .... **I AM GRATEFUL FOR:**

DATE: .... **I AM GRATEFUL FOR:**

DATE: ....   **I AM GRATEFUL FOR:**

DATE: ....   **I AM GRATEFUL FOR:**

DATE: ....   **I AM GRATEFUL FOR:**

DATE: ....   **I AM GRATEFUL FOR:**

DATE: .... **I AM GRATEFUL FOR:**

_____
_____
_____
_____
_____
_____
_____
_____
_____
_____
_____
_____

DATE: .... **I AM GRATEFUL FOR:**

_____
_____
_____
_____
_____
_____
_____
_____
_____
_____
_____
_____

DATE: ....   **I AM GRATEFUL FOR:**

DATE: ....   **I AM GRATEFUL FOR:**

DATE: .... **I AM GRATEFUL FOR:**

DATE: .... **I AM GRATEFUL FOR:**

DATE: .... **I AM GRATEFUL FOR:**

DATE: .... **I AM GRATEFUL FOR:**

DATE: ....   **I AM GRATEFUL FOR:**

_____
_____
_____
_____
_____
_____
_____
_____
_____

DATE: ....   **I AM GRATEFUL FOR:**

_____
_____
_____
_____
_____
_____
_____
_____
_____

DATE: .... **I AM GRATEFUL FOR:**

___

DATE: .... **I AM GRATEFUL FOR:**

DATE: .... **I AM GRATEFUL FOR:**

_____
_____
_____
_____
_____
_____
_____
_____
_____

DATE: .... **I AM GRATEFUL FOR:**

_____
_____
_____
_____
_____
_____
_____
_____
_____

DATE: .... **I AM GRATEFUL FOR:**

DATE: .... **I AM GRATEFUL FOR:**

DATE: .... **I AM GRATEFUL FOR:**

___

DATE: .... **I AM GRATEFUL FOR:**

DATE: .... **I AM GRATEFUL FOR:**

DATE: .... **I AM GRATEFUL FOR:**

DATE: .... **I AM GRATEFUL FOR:**

DATE: .... **I AM GRATEFUL FOR:**

DATE: .... **I AM GRATEFUL FOR:**

_____
_____
_____
_____
_____
_____
_____
_____
_____
_____

DATE: .... **I AM GRATEFUL FOR:**

_____
_____
_____
_____
_____
_____
_____
_____
_____
_____

DATE: .... **I AM GRATEFUL FOR:**

DATE: .... **I AM GRATEFUL FOR:**

DATE: .... **I AM GRATEFUL FOR:**

DATE: .... **I AM GRATEFUL FOR:**

DATE: .... **I AM GRATEFUL FOR:**

DATE: .... **I AM GRATEFUL FOR:**

DATE: .... **I AM GRATEFUL FOR:**

DATE: .... **I AM GRATEFUL FOR:**

DATE: .... **I AM GRATEFUL FOR:**

_____
_____
_____
_____
_____
_____
_____
_____
_____
_____
_____

DATE: .... **I AM GRATEFUL FOR:**

_____
_____
_____
_____
_____
_____
_____
_____
_____
_____
_____

DATE: .... **I AM GRATEFUL FOR:**

DATE: .... **I AM GRATEFUL FOR:**

DATE: .... **I AM GRATEFUL FOR:**

_____
_____
_____
_____
_____
_____
_____
_____
_____
_____
_____
_____

DATE: .... **I AM GRATEFUL FOR:**

_____
_____
_____
_____
_____
_____
_____
_____
_____
_____
_____
_____

DATE: .... **I AM GRATEFUL FOR:**

DATE: .... **I AM GRATEFUL FOR:**

DATE: .... **I AM GRATEFUL FOR:**

_____

_____

_____

_____

_____

_____

_____

_____

DATE: .... **I AM GRATEFUL FOR:**

_____

_____

_____

_____

_____

_____

_____

_____

DATE: **I AM GRATEFUL FOR:**

DATE: **I AM GRATEFUL FOR:**

I AM GRATEFUL FOR:

DATE: **I AM GRATEFUL FOR:**

DATE: .... **I AM GRATEFUL FOR:**

_____
_____
_____
_____
_____
_____
_____
_____
_____
_____

DATE: .... **I AM GRATEFUL FOR:**

_____
_____
_____
_____
_____
_____
_____
_____
_____
_____

DATE: .... **I AM GRATEFUL FOR:**

DATE: .... **I AM GRATEFUL FOR:**

DATE: .... **I AM GRATEFUL FOR:**

___

DATE: .... **I AM GRATEFUL FOR:**

DATE: ....   **I AM GRATEFUL FOR:**

_____
_____
_____
_____
_____
_____
_____
_____
_____
_____

DATE: ....   **I AM GRATEFUL FOR:**

_____
_____
_____
_____
_____
_____
_____
_____
_____
_____

DATE: .... **I AM GRATEFUL FOR:**

DATE: .... **I AM GRATEFUL FOR:**

CPSIA information can be obtained
at www.ICGtesting.com
Printed in the USA
LVHW080830041221
705265LV00034B/2552